1

Der Torwart hält wirklich jeden Ball!
Verbinde den passenden Schatten mit dem Spieler.

2

Foul! Dem Schiedsrichter entgeht nichts. Male das Bild bunt aus.
Die Punkte sagen dir, welche Farben du dafür nehmen kannst.

3

Die Kinder sind ins Spiel vertieft. Da bemerken sie gar nicht, wie sich 5 Dinge verändern. Kreuze diese im unteren Bild an.

4

Hilf dem Stürmer, an den Gegnern vorbeizudribbeln und das Siegtor zu schießen. Spure dafür die gestrichelte Linie nach.

5

Wie viele Trikots und Fußbälle kannst du hier zählen?
Male die richtige Anzahl an Kreisen unten aus.

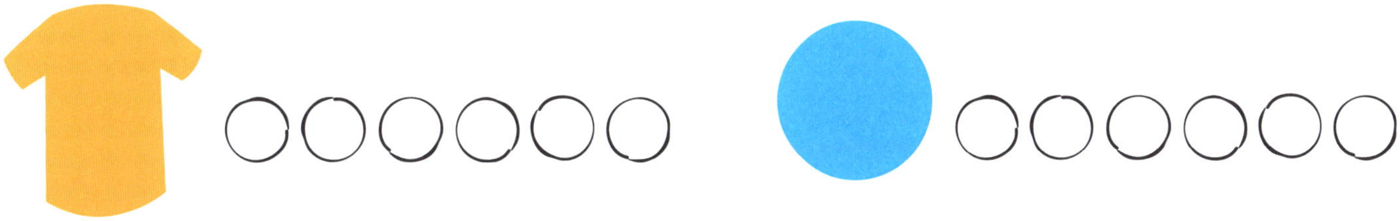

6 Jedes Kind spielt mit seinem Zwilling. Verbinde sie.
Kreise dann noch das Kind ein, das übrig bleibt.

7

Die Fans feiern den Sieg ihrer Mannschaft! Verbinde die passenden Puzzleteile mit den freien Feldern und streiche die anderen beiden durch.

8 Hier fehlt doch noch etwas! Male die andere Hälfte des Fußballs dazu.

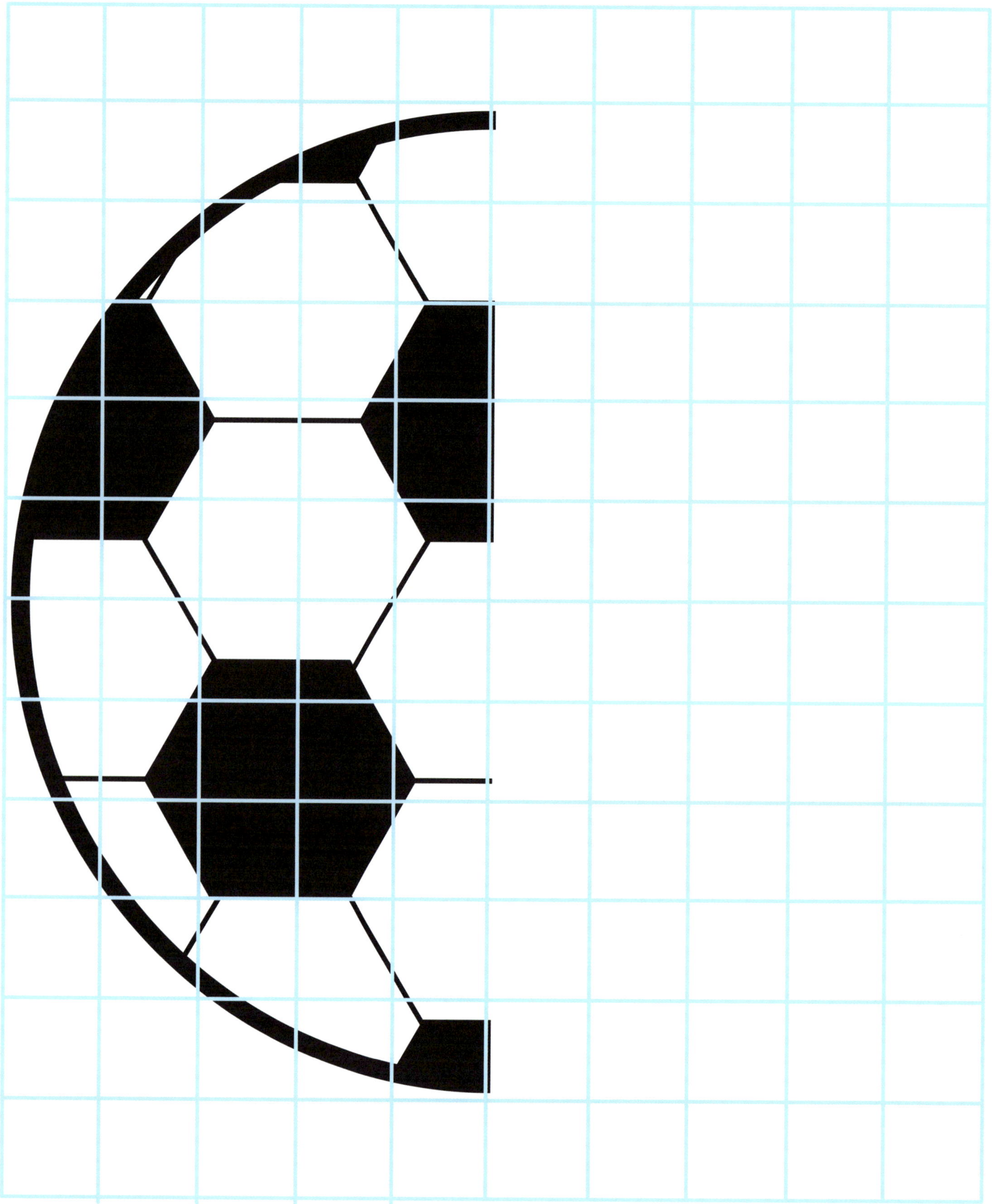

9

Max ist fast bereit fürs Fußballspiel. Verbinde die Zahlen von 1 bis 10, damit er endlich loslegen kann.

10 Wo gehören diese Bilder hin? Verbinde sie mit dem richtigen Gitter.
Achtung: In jedem Gitter kommt jedes Bild nur ein Mal vor.

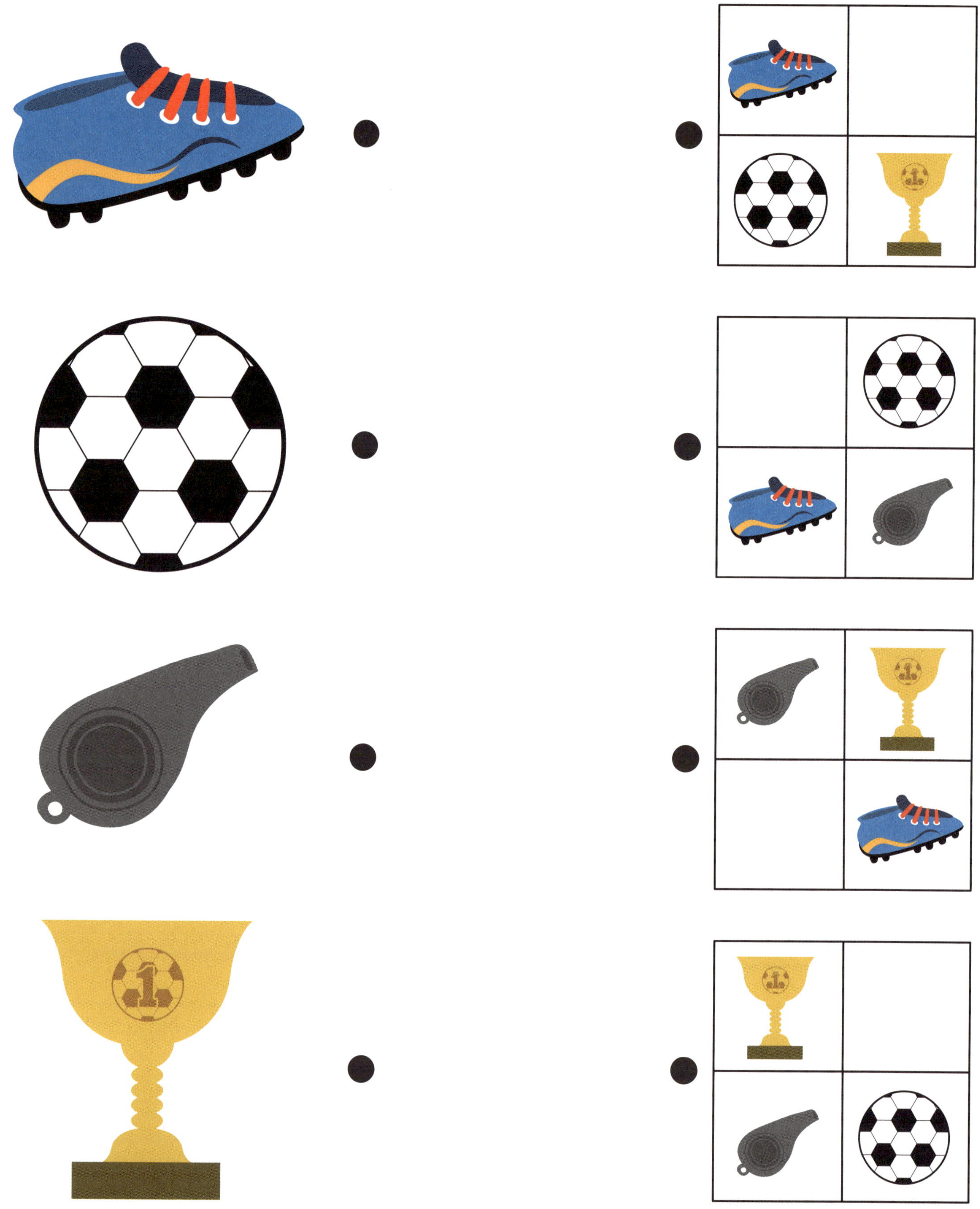

11

Was versteckt sich denn hier? Verbinde die Zahlen von 1 bis 32, dann weißt du es.

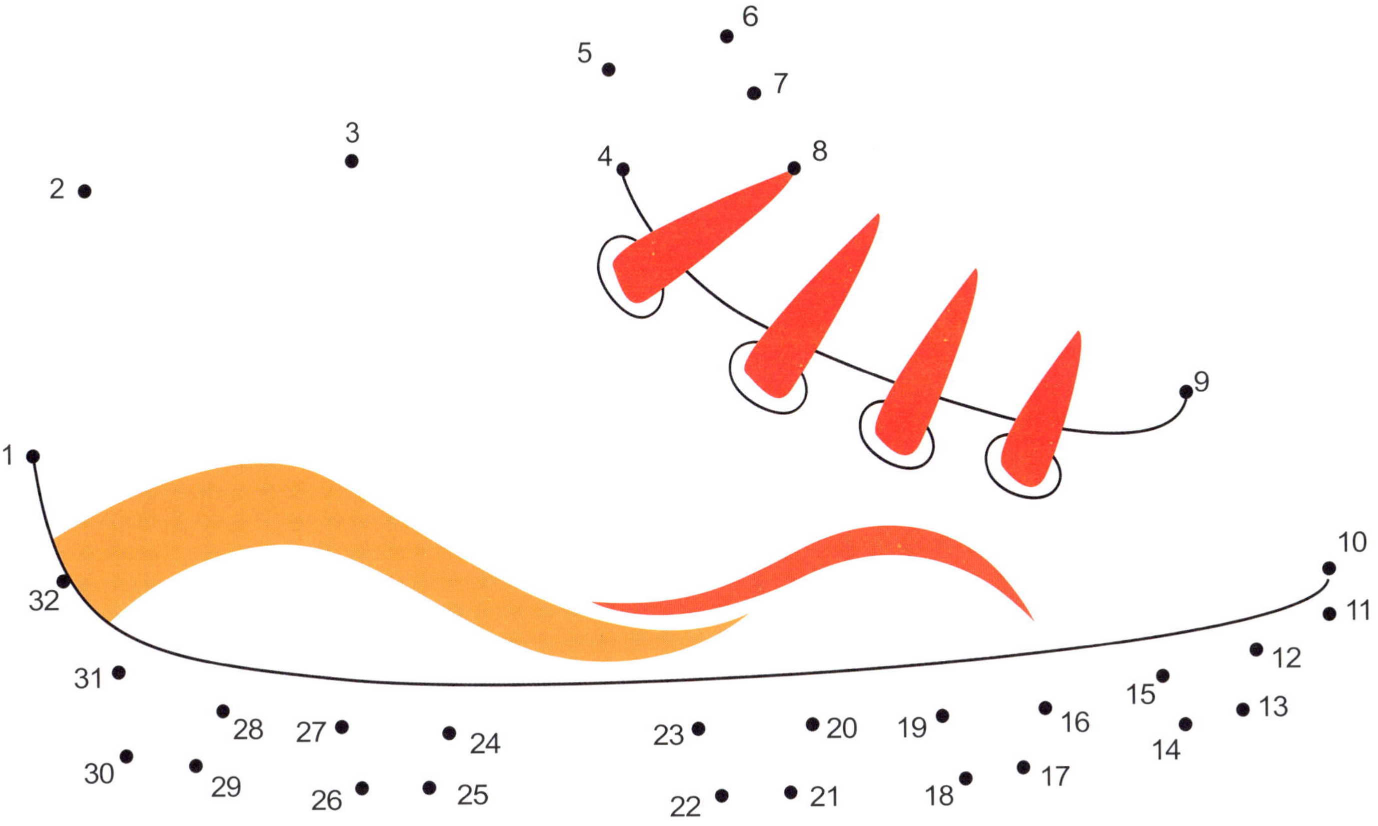

12 Lina kickt den Ball über das Feld. Male ihr noch ein wenig Gras auf den Boden, indem du die gestrichelten Linien nachspurst.

13

Kannst du das Sudoku lösen? Jedes der 4 Bilder soll senkrecht und waagerecht sowie in jedem Viererfeld nur ein Mal auftauchen.

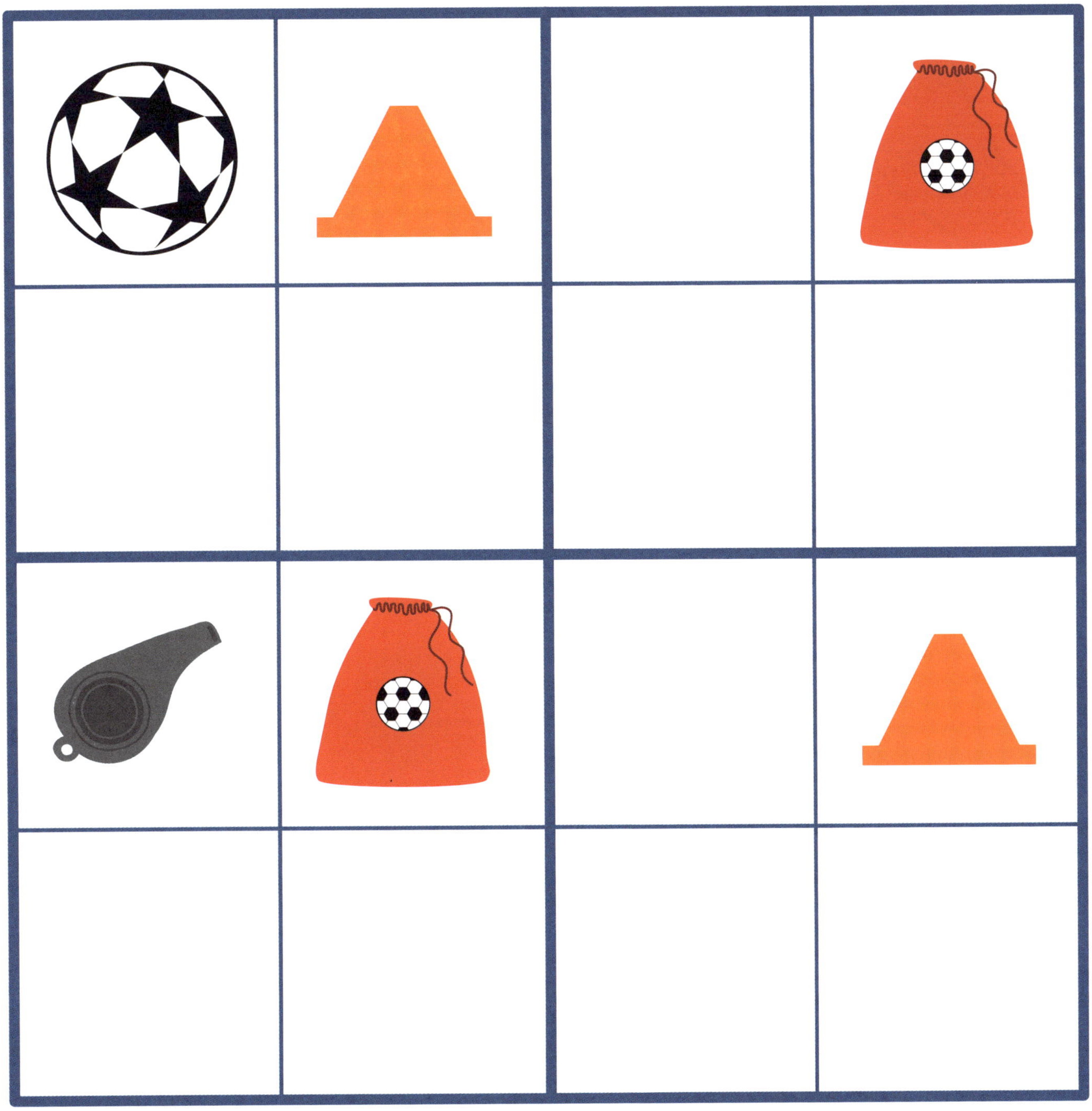

14 Gestalte das Spiel noch spannender, indem du es bunt ausmalst. Die Linien zeigen dir, welche Farben dafür passen würden.

15

Der Wettkampf um den Ball geht los! Doch wer erwischt ihn?
Zeichne die gestrichelten Linien nach, um es herauszufinden.

16 Diesem Domino fehlen noch Bilder. Male sie in die freien Felder hinzu.

17

Diese 3 Muster haben sich im großen Gitter versteckt.
Findest du sie? Dann kreise sie ein.

18 Erkennst du die Kombination? Dann führe die Reihe richtig fort und male alles bunt aus.

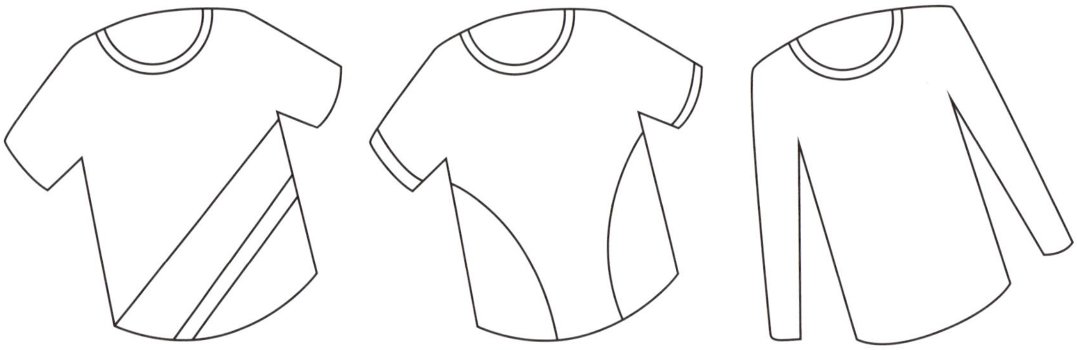

19 Der Bus fährt gleich zum großen Spiel los. Hilf dem Fußballer durch das Labyrinth, damit er ihn nicht verpasst.

20 Welcher Gegenstand passt nicht zu den anderen? Kreise ihn ein.

21 Leon macht tolle Kunststücke mit dem Ball!

Male ihn rechts in den gleichen Farben noch einmal aus.

22 Was für eine spannende Partie! Male das Bild mit deinen Lieblingsstiften aus. Die Formen verraten dir, welche Farben du nehmen sollst.

23

Die Spieler warten auf den Freistoß! Da fallen ihnen die 5 Unterschiede gar nicht auf. Kreuze sie unten an.

24 Tooor! Thomas jubelt. Verbinde ihn mit dem richtigen Schattenbild.

25

Wie viele Trillerpfeifen hat dieser Schiedsrichter denn hier?
Male die gleiche Zahl an Kreisen aus.

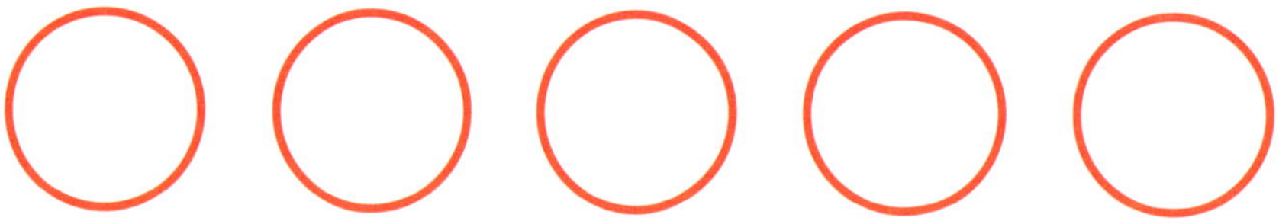

26 Die Socken der Spieler sind durcheinandergeraten! Verbinde die passenden Paare miteinander. Kreise dann die Socke ein, die übrig bleibt.

27 Welche Puzzleteile fehlen hier? Verbinde die richtigen Ausschnitte mit den passenden Stellen und streiche die anderen Puzzleteile durch.

28 Welche ist deine Lieblingsmannschaft? Male das Trikot in ihren Farben an.

29 Melanie möchte sofort aufs Feld. Doch es ist noch nicht ganz fertig. Spure die gestrichelten Linien nach, dann kann das Spiel beginnen!

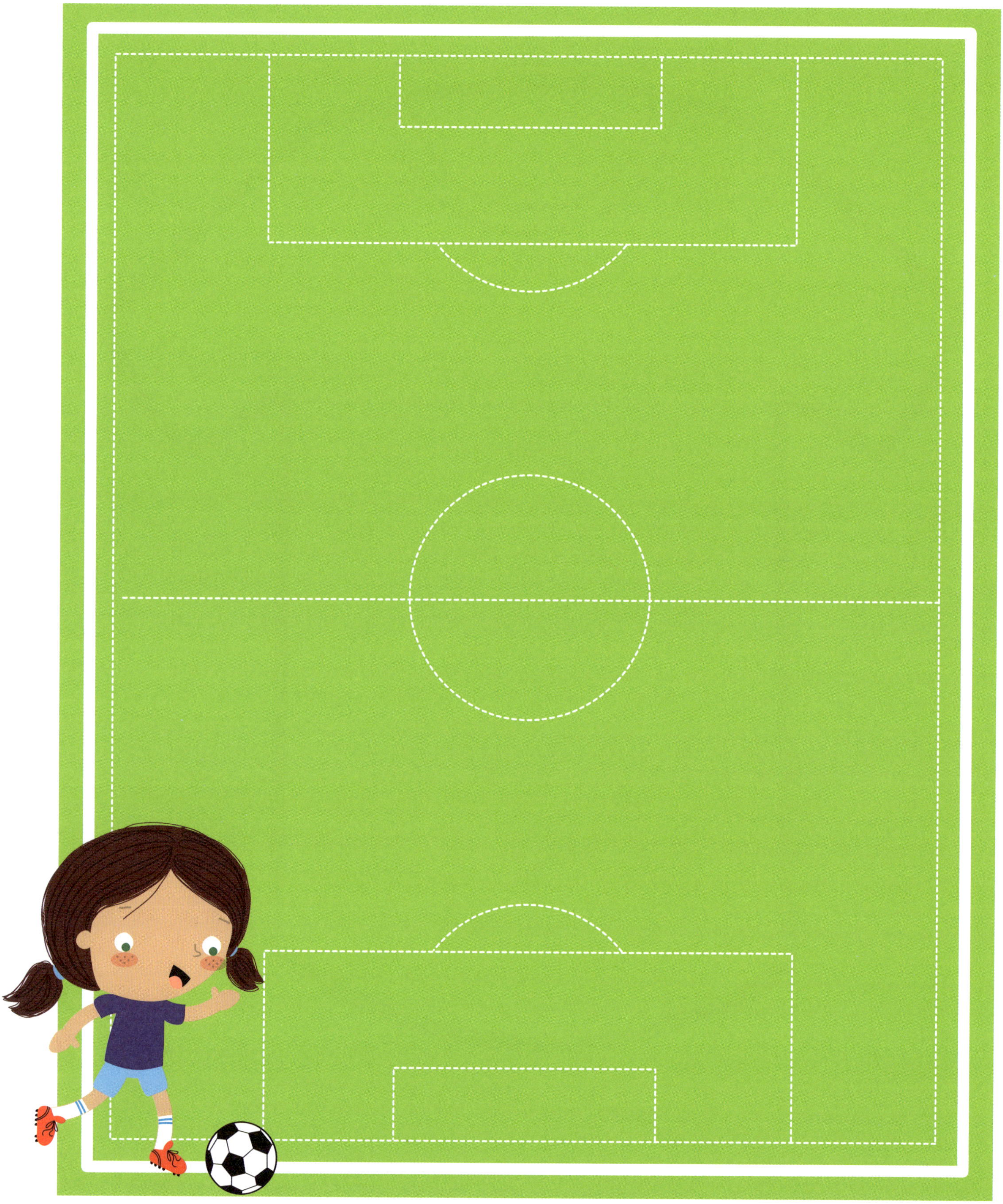

30 Jedes Bild kommt in jedem Gitter genau ein Mal vor. Doch überall ist ein Feld frei. Verbinde die großen Bilder mit dem passenden Gitter.

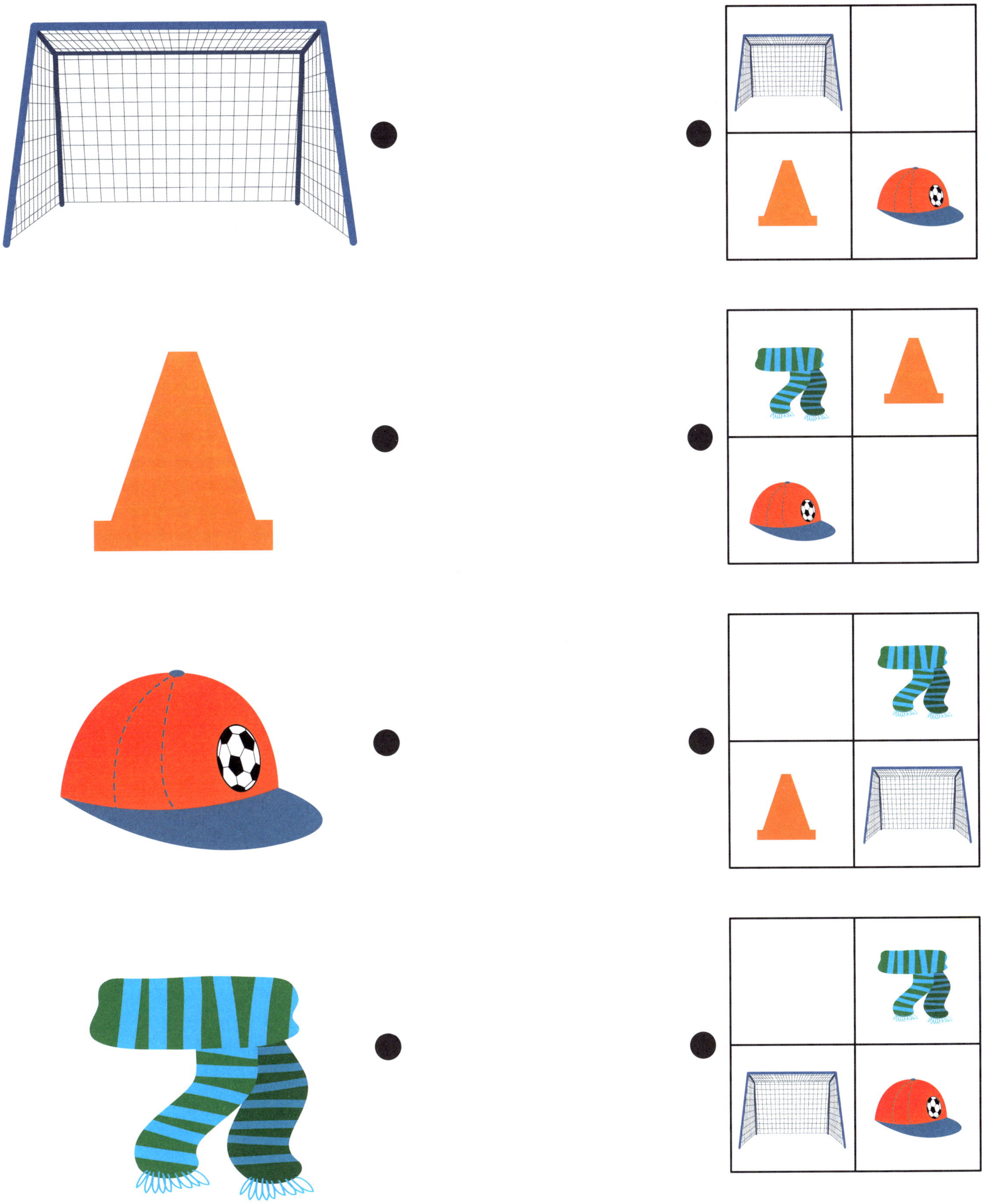

31

Der Ball fliegt ins Tor. Doch wo ist es überhaupt?
Verbinde die Punkte von 1 bis 10 und zeichne es dazu.

32 Diesem Tor fehlt eine Hälfte. Kannst du sie dazumalen?

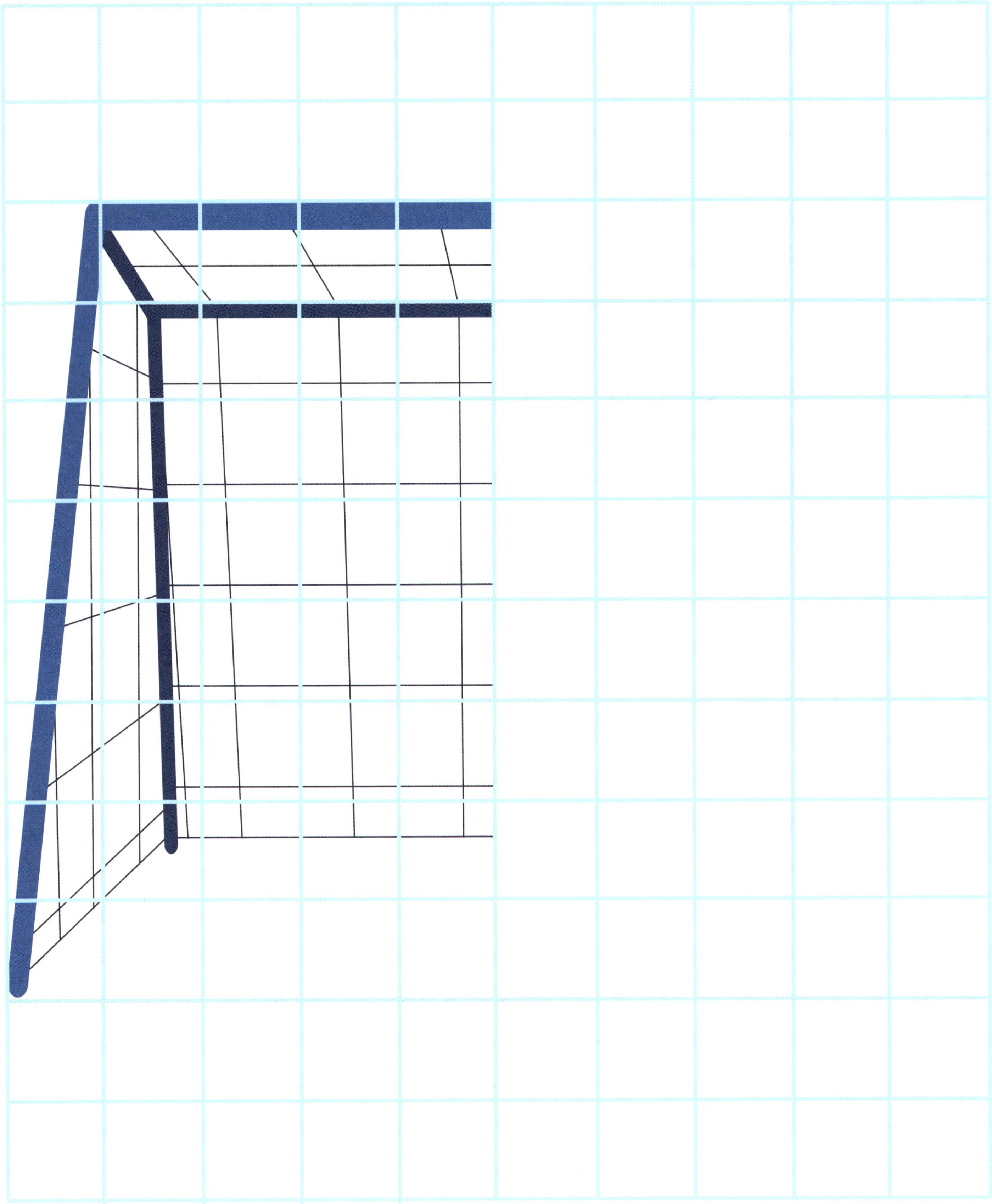

33

Jedes der 4 Bilder soll senkrecht und waagerecht sowie in jedem Viererfeld nur ein Mal auftauchen. Löse das Sudoku und male alles aus.

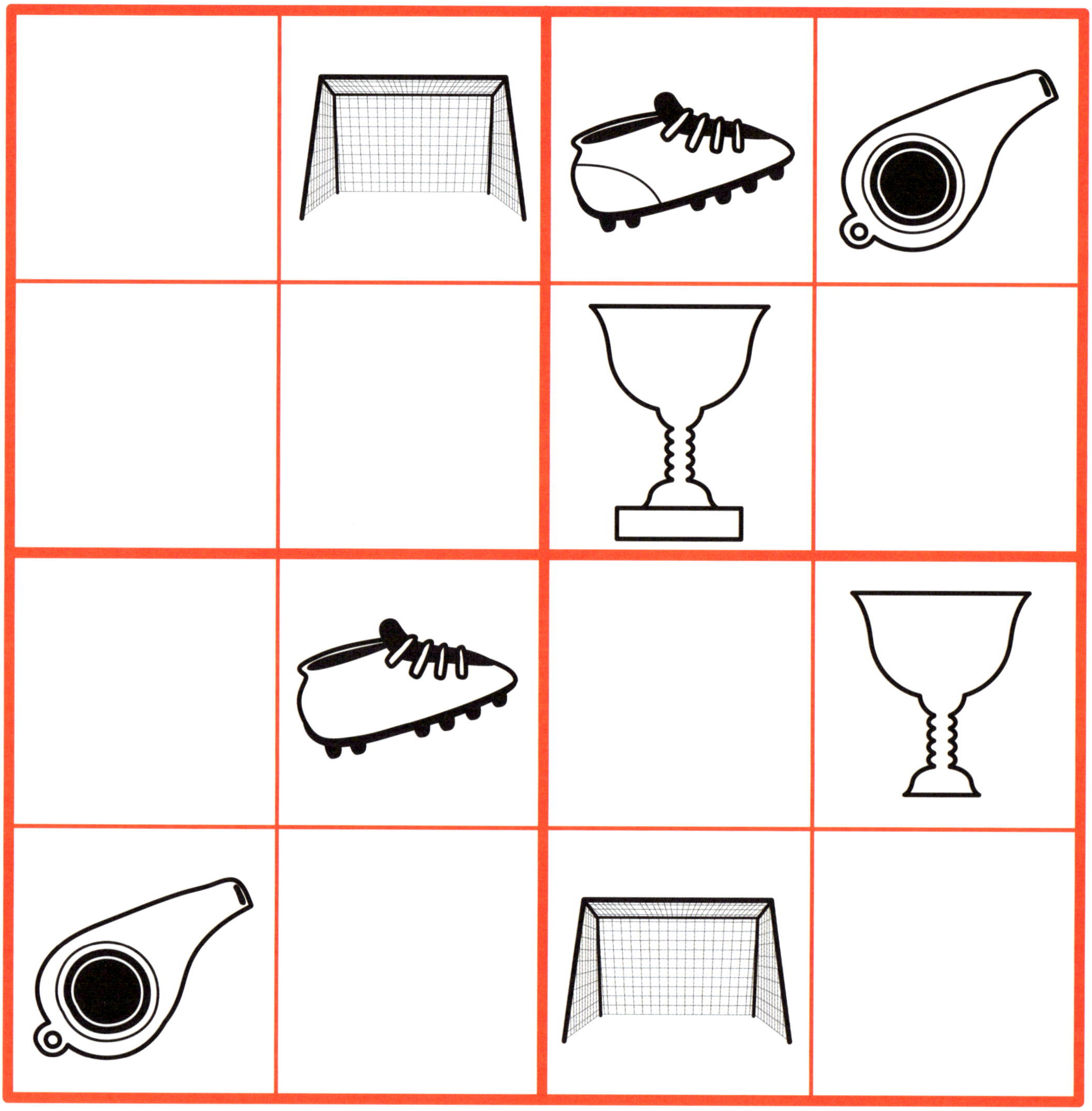

34

Ina wärmt sich auf. Male sie in deinen schönsten Farben aus.
Die Linien verraten dir, welche Farben du benutzen kannst.

35

Wem gehören denn diese Fußballschuhe? Folge den gestrichelten Linien mit deinem Stift, dann weißt du es.

36 Was für ein großes Domino! Doch es fehlen noch ein paar Bilder. Kannst du sie dazuzeichnen? Male dann alles bunt aus.

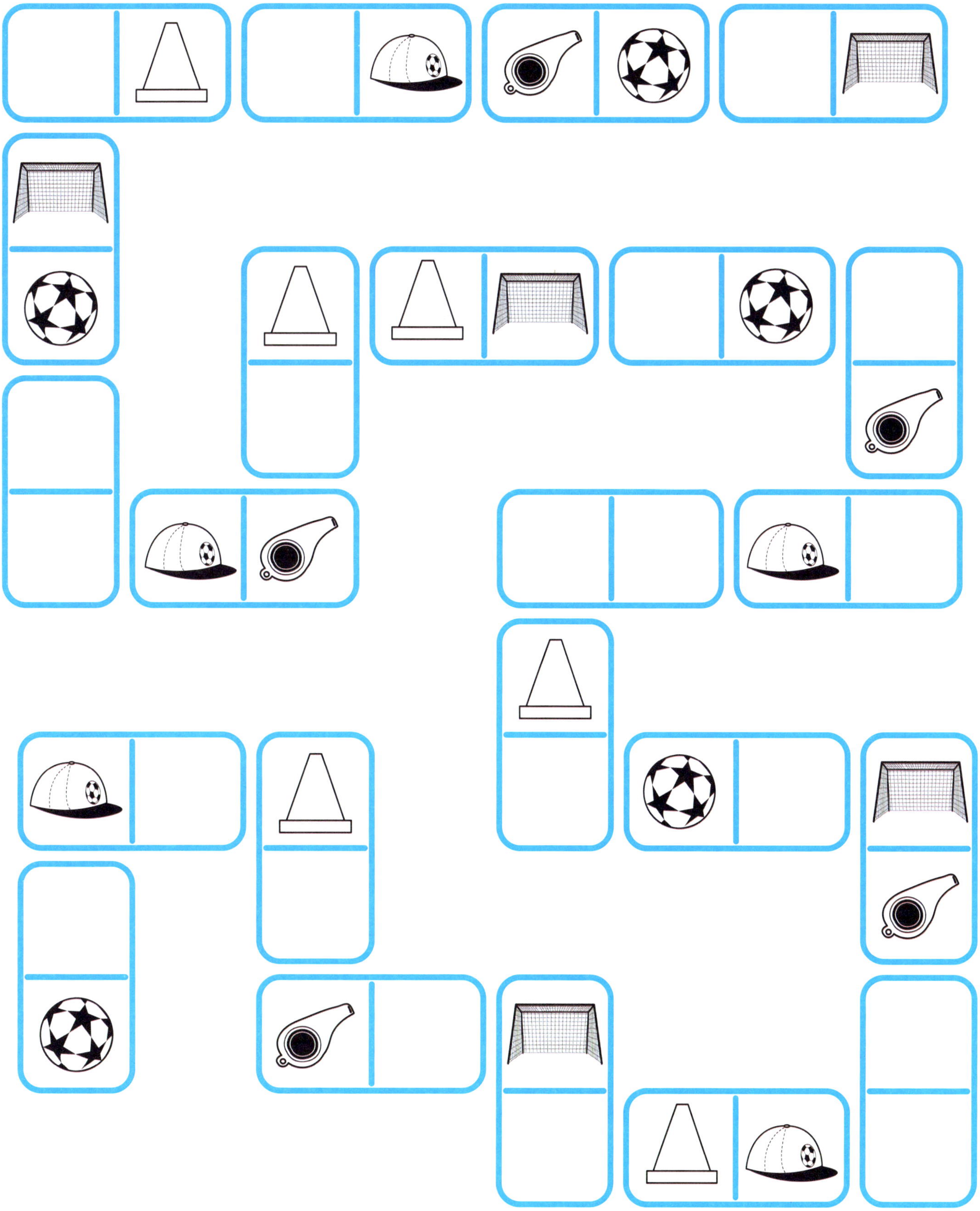

37

Auf diesem Feld sind aber viele Spieler! Entdeckst du die 3 Muster in dem großen Gitter? Kreise sie ein.

38 Die 2 Mannschaften sind kaum zu unterscheiden. Kannst du helfen? Male die Trikots mit Sternen rot und die Trikots mit Streifen grün aus.

39 Hilf Ella, ein Tor zu schießen, indem du ihr den Weg vorzeichnest.
Vorsicht, sie darf ihrem Gegner dabei nicht begegnen.

40

Ob Jonas den Ball wohl halten kann? Male das Bild aus und achte dabei auf die Farben der Punkte.

41 Das gibt eine Rote Karte! Der Fußballspieler ist so wütend, dass ihm die 5 Unterschiede nicht auffallen. Aber du siehst sie bestimmt! Kreuze sie an.

42 Die Fußbälle fliegen kreuz und quer herum. Bilde Dreiergruppen, indem du immer 3 Fußbälle einkreist. Wie viele bleiben übrig?

43 Auch die Schuhe sind durcheinandergeraten. Verbinde alle Schuhpaare miteinander und kreise den Schuh ein, der übrig bleibt.

44 Alle versammeln sich zum Mannschaftsfoto. Verbinde die 2 passenden Puzzleteile und streiche die anderen beiden durch.

45 Die Kinder möchten so gerne Fußball spielen, doch sie haben keinen Ball. Zeichne jedem von ihnen einen eigenen Fußball.

46 Jeder der 3 Bälle springt auf seine eigene Weise. Folge den Bewegungen, indem du die gestrichelten Linien nachspurst.

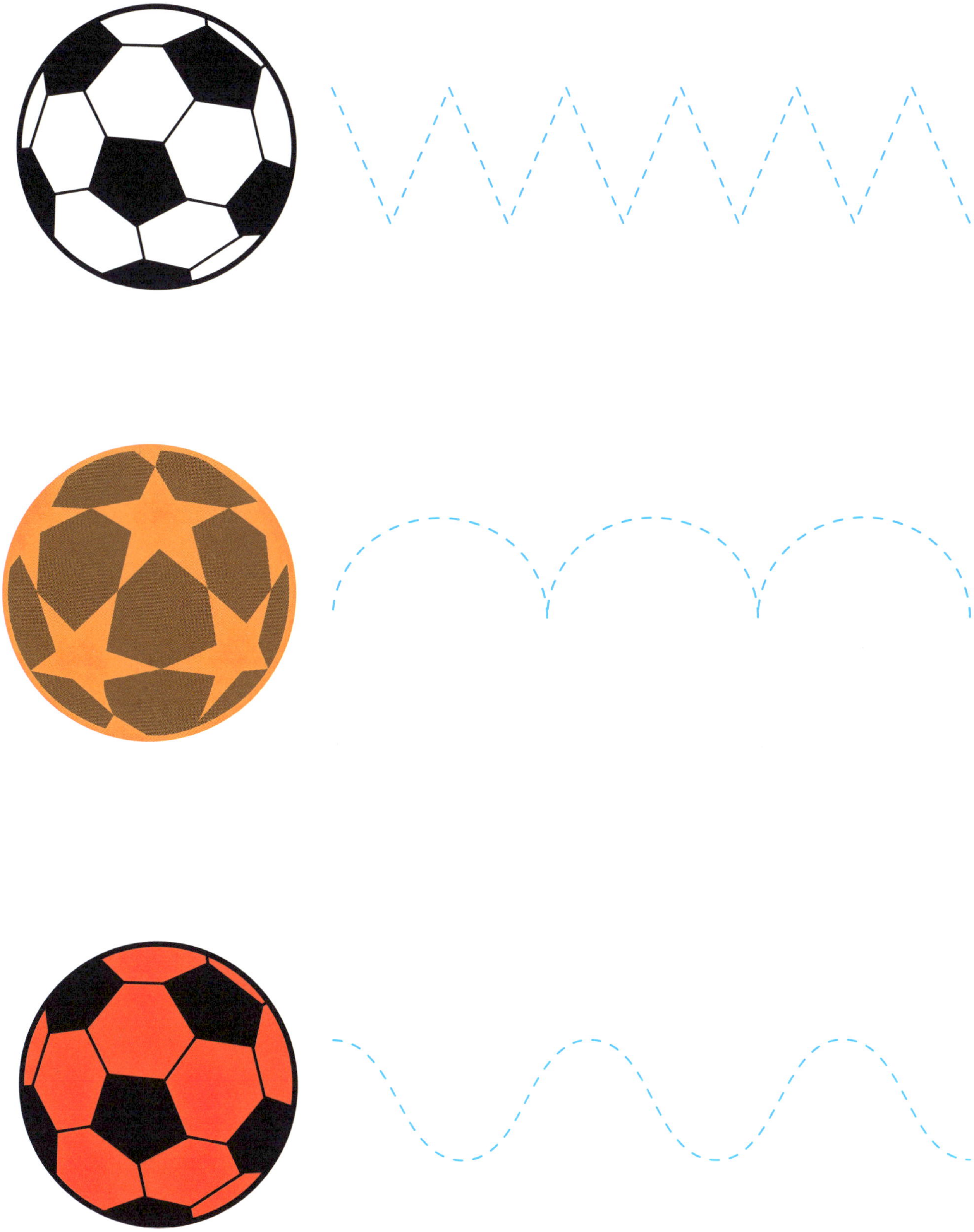

47

Sieh dir genau die Kleidung der Spieler an.
Einer von ihnen hat etwas vergessen. Kreise ihn ein.

48 Anni liebt es, den Ball zu dribbeln. Verbinde sie mit dem richtigen Schatten.

49

Sieh dir genau die oberen Dinge an. Wo findest du sie im unteren Bild noch einmal? Kreise sie dort ein.

50 Die 4 Schritte zeigen dir, wie du einen Fußball zeichnest.
Versuche es doch mal im großen Feld.

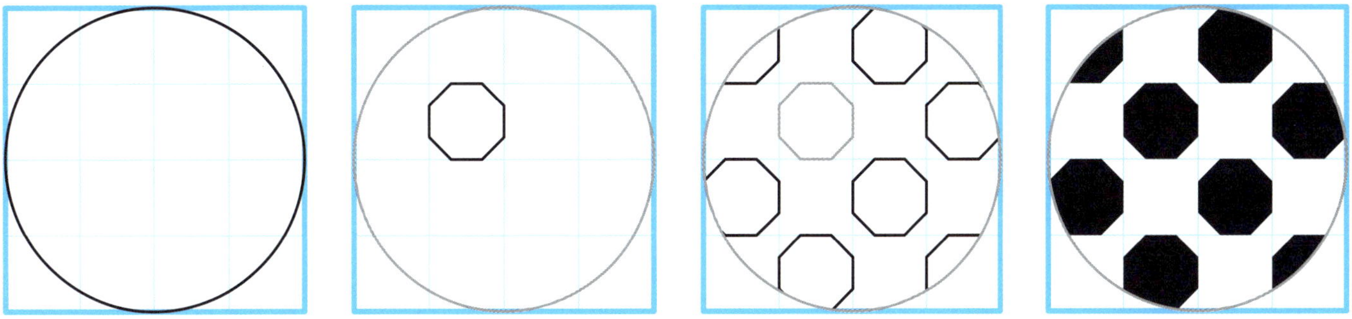

1 2 3 4

51 Male den größten Spieler aus und kreise den kleinsten ein.

52 Male das Trikot und die Shorts in deinen Lieblingsfarben aus.

53

Dem Bild fehlen noch die Farben. Kannst du sie ergänzen?
Die Punkte zeigen dir, welche Farben du brauchst.

54 Die Fußballer strecken ihren Pokal in die Höhe. Gewonnen!
Mach das Bild noch schöner, indem du es bunt ausmalst.

55 Oje, der Ball hat sein Ziel verfehlt und ist in das Fenster geflogen. Zeichne die gestrichelten Linien nach, um herauszufinden, wer es war.

56

Sieh dir die linken Bilder genau an. Wo in der Reihe tauchen sie ein zweites Mal auf? Kreise es dort ein.

57 Das Spiel ist in vollem Gange! Wie viele Fußballer kannst du zählen? Male aus, wer nicht mitspielt.

58

Hier musst du aufmerksam sein! Welches Bild taucht nur ein Mal im großen Gitter auf?

59

Frederik ist auf dem Weg zum Training. Male das Bild bunt aus.
Die Formen zeigen dir, welche Farben du benutzen sollst.

60 Der Fußballer stürmt zum Tor. Er darf dabei nur auf die Felder mit weißen oder grünen Fußbällen rennen. Male diese Felder für ihn aus.

61

Sind diese Bilder wirklich gleich? Finde die 5 Unterschiede im unteren Bild und kreuze sie an.

62 Den Spielern fehlt ihr Schatten. Ordne sie mit Linien richtig zu.

63 Wie viele Sachen sind in jeder Reihe zu finden?
Male den Würfel mit der passenden Anzahl aus.

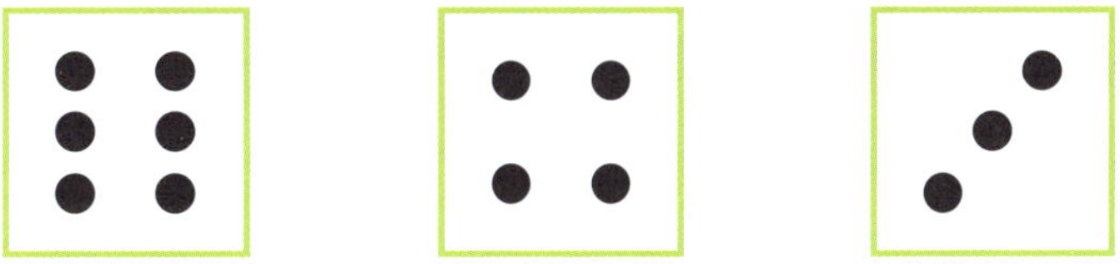

64

Das Spiel ist in vollem Gange! Male das Bild aus und achte dabei auf die Farben der Punkte.

65

Der Trainer erklärt Martin die Spieltaktik. Verbinde die 2 richtigen Puzzleteile mit der passenden Lücke und streiche die anderen 2 durch.

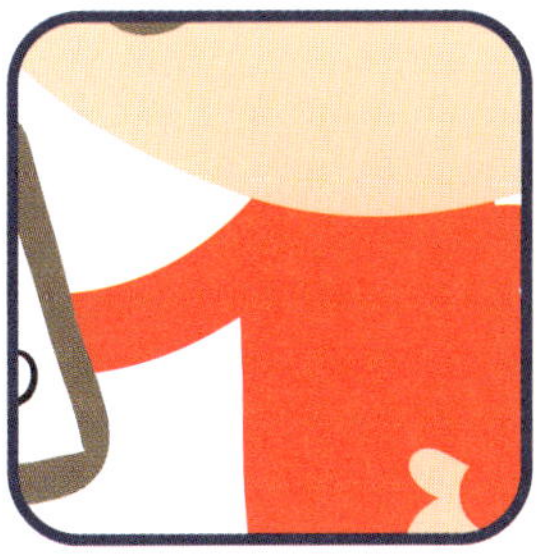

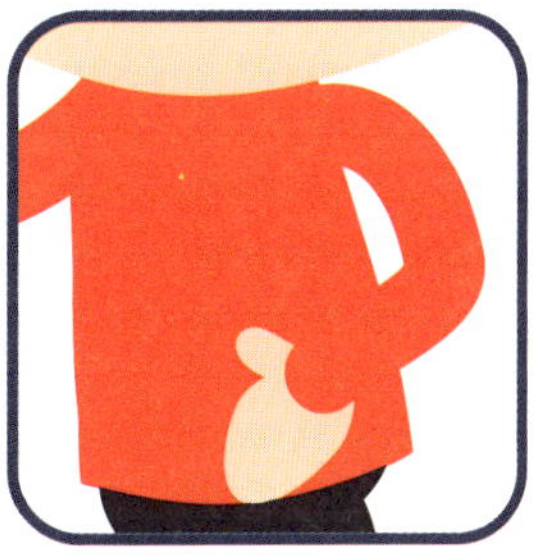

66 Weißt du, wie man einen Fußballspieler zeichnet? Sieh dir die 4 Schritte genau an und versuche es dann selbst im großen Kasten.

1 2 3 4

67 Zeichne dem Trikot die fehlende Hälfte und male es anschließend in den Farben deiner Lieblingsmannschaft aus.

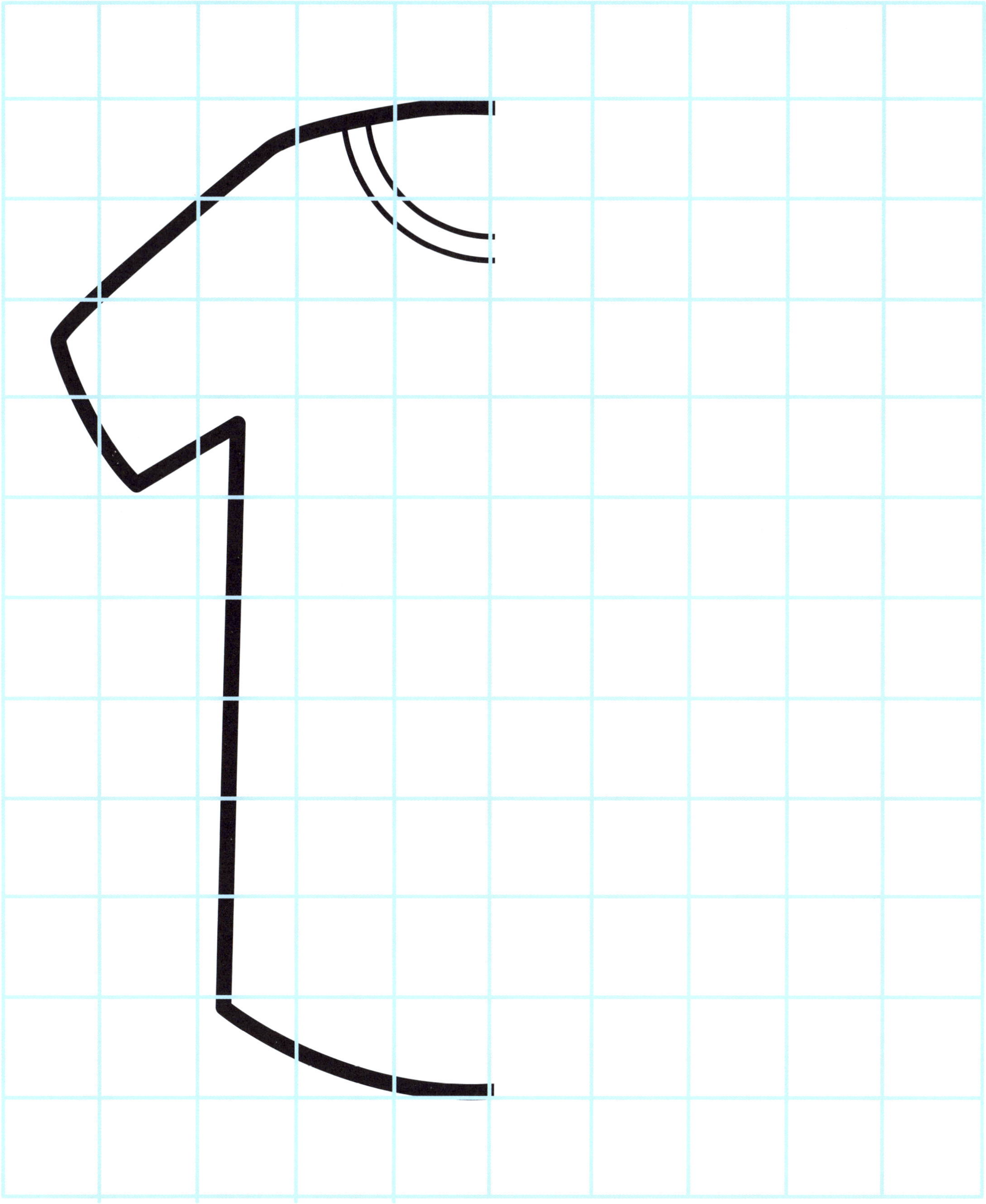

68

In jedem Gitter soll jeder Spieler nur ein Mal auftauchen.
Verbinde die großen Bilder mit dem richtigen Gitter.

69 Kopfball! Verbinde die Punkte von 1 bis 20, um das Bild fertig zu zeichnen.

70

Kannst du ein Tor zeichnen? Schau dir die 4 Schritte an.
Dann male dein eigenes Tor in den großen Kasten.

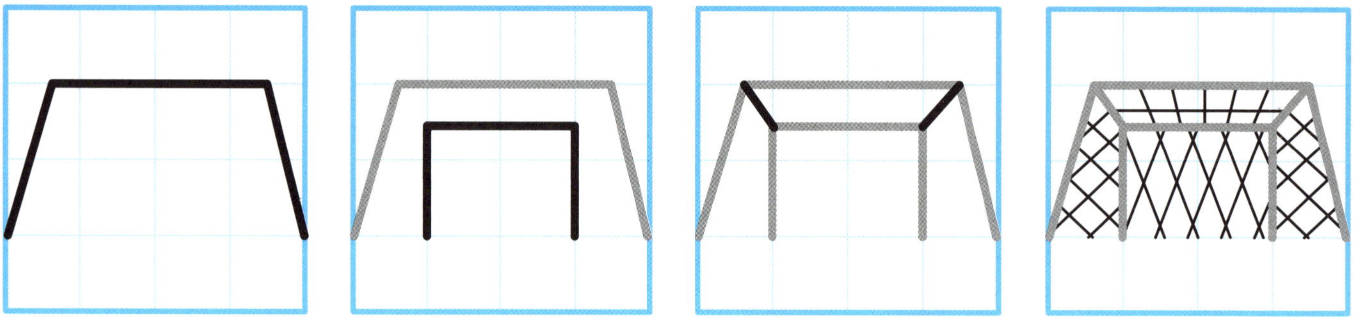

1 2 3 4

71

Den Spielern fehlt ihre Ausrüstung. Verbinde sie mit den Dingen, die zu ihrer Kleidung passen. Kreise dann noch ein, was übrig bleibt.

72

Male diese Spieler bunt aus. Die Linien verraten dir, welche Farben du verwenden kannst.

73

Wie oft kommt jeder Gegenstand vor? Zähle nach und schreibe die richtigen Zahlen unten in die Kästchen.

74 Sieh dir das erste Bild in jeder Reihe genau an. Siehst du das Bild, das ganz genauso aussieht? Kreise es ein.

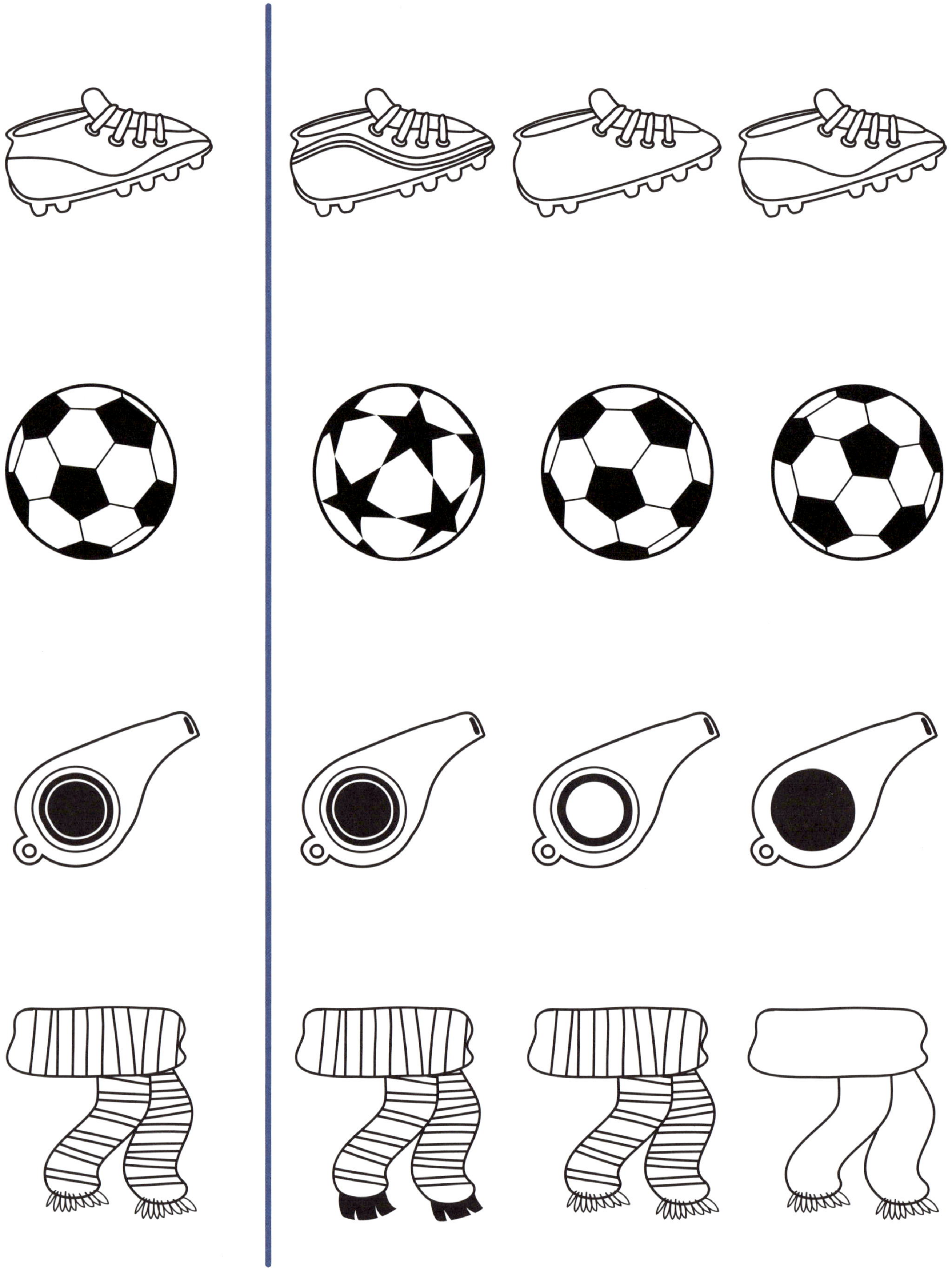

75 Alle haben Spaß beim Fußballspielen. Kreise die Spieler ein, die nach rechts schauen, und streiche diejenigen durch, die nach links sehen.

76

Male die Fußballspieler blau aus, deren Kleidung gestreift ist. Und male diejenigen gelb aus, auf deren Sportsachen Sterne zu sehen sind.

77

Philip fängt jeden Ball!
Male das rechte Bild in den gleichen Farben aus wie das linke.

78

5 Dinge sind hier falsch. Siehst du sie? Kreuze sie an.

79 Diese Spieler wollen alle den Ball ergattern, doch nur einer bekommt ihn. Folge den Wegen durch das Labyrinth, dann weißt du, wer es ist.

80

Hier steigt eine große Siegesfeier mit viel Konfetti!
Male alle Kreise orange und alle Dreiecke grün aus.

81

Male alle Bälle, die im Tor sind, blau aus und diejenigen außerhalb rot.
Wie viele Treffer hat Hannah versenkt?

82 In der Umkleide herrscht Chaos! Wie viele der unterschiedlichen Kleidungsstücke kannst du zählen? Schreibe die Zahlen in die Kästchen.

83 Zähle die Fußbälle jedes Spielers. Wie viele haben mehr als 4 Bälle?
Schreibe die Zahl in das Kästchen.

84

Wenn du das Bild bunt ausmalst, siehst du, wer hier seiner Mannschaft zujubelt. Achte dabei auf die Farben der Punkte.

85 Verbinde die 4 Puzzleteile mit den richtigen Lücken.

86 Schau dir die 4 Schritte an, die du brauchst, um eine Trillerpfeife zu zeichnen. Versuche es dann selbst im großen Kasten.

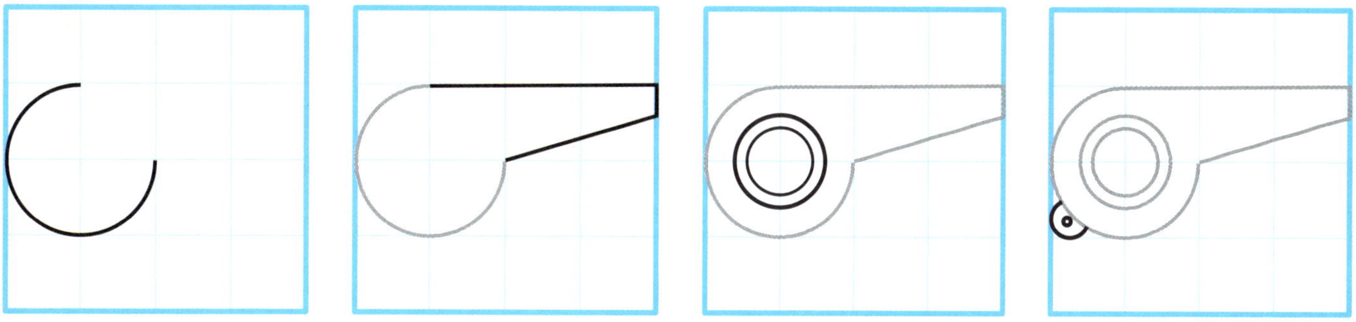

1 2 3 4

87

In diesem Domino stimmt etwas nicht!
Male die weißen Fußbälle in der richtigen Farbe aus.

88 Sieh dir die Farben der Gegenstände genau an und verbinde diese dann mit dem passenden Tor.

89 Die Handschuhe sind durcheinandergeraten. Verbinde die Paare miteinander und kreise den Handschuh ein, der übrig bleibt.

90 Dieser Schiedsrichter hat aber viele Pfeifen! Bilde Vierergruppen, indem du immer 4 Pfeifen einkreist. Wie viele bleiben übrig?

91

Wovon könnte dieser Fußballspieler träumen?
Male es in die Gedankenblase.

92 Diese Mannschaften kämpfen um den Sieg. Welche bekommt den begehrten Pokal? Zeichne den richtigen Weg ins Labyrinth.

93

Welcher Sportbeutel gehört dem Torwart?
Zeichne die gestrichelten Linien nach, um es herauszufinden.

94

Erkennst du die Kombinationen?
Male die Sachen jeweils nach dem richtigen Muster aus.

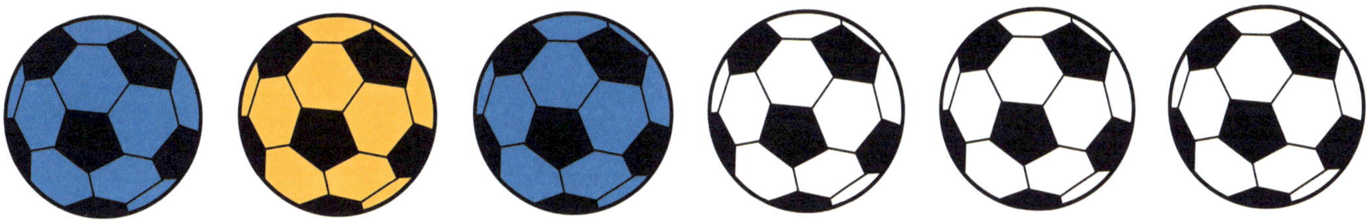

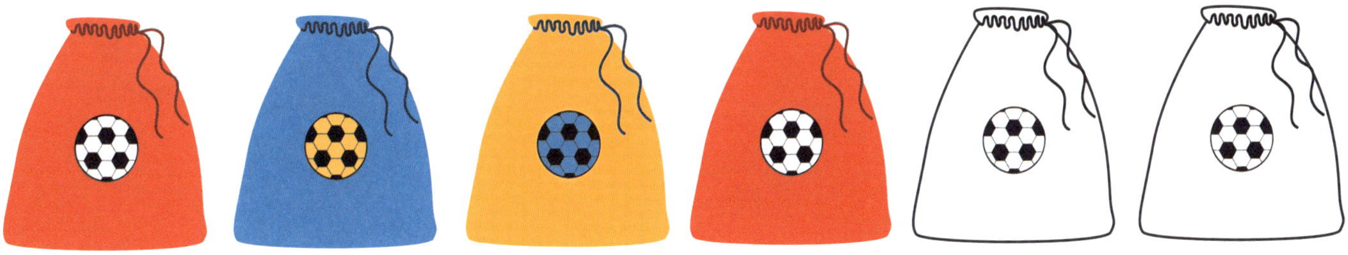

95

Male die Spieler, die nach links blicken lila, und die, die nach rechts schauen, rot aus.

96

Male das Bild in kräftigen Farben aus.
Die Nummern zeigen dir, welche Farben du dafür brauchst.

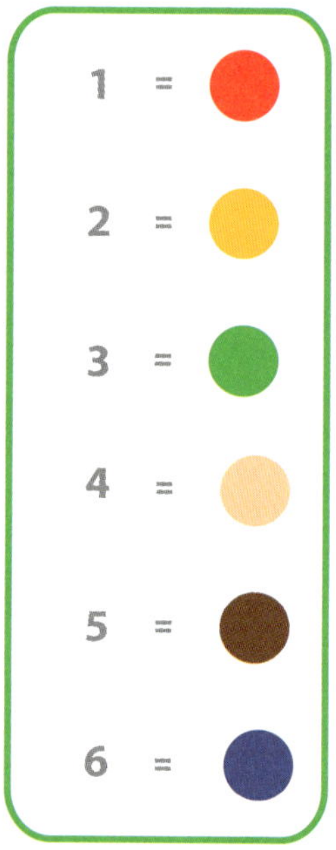

97

Schau genau hin! Welche Sache taucht nur ein einziges Mal in dem Feld auf? Kreise sie ein.

98 Male ein tolles Bild auf das Banner, um deine Lieblingsmannschaft zu unterstützen.

99 Verbinde immer die Trikots und Shorts miteinander, die dieselben Farben haben. Ein Kleidungsstück bleibt übrig. Kreise es ein.

100 Gewonnen! Male einen schönen Siegerpokal auf die Seite.